정경미의
# 거제 포구 이야기

정경미의

# 거제 포구 이야기

정경미 시집

시인동네

| 시인의 말 |

뭍을 그리워한 시간들이
눈앞에 펼쳐지는 순간
뭍으로 오르지 못한 사내의 눈빛이
어지럽게 흔들린다.
뒷걸음질 치는 노을빛도 흔들린다.
사내의 가슴은 여전히 뜨겁다.
먼바다 바닷새가
노을을 물고 포구로 돌아오면
그땐 용기를 내어도 좋다.
내일은 바다 향해 다리를 뻗으리라.
사내는 비로소 닻을 내린다.

2023년 11월
정경미

| 차례 |

시인의 말

## 제1부

관포 가는 길 · 12

관포 · 16

군령포 파도 · 20

군령포의 작품 하나 · 21

군항포 일지 1 · 24

군항포 일지 2 · 25

근포 동굴 · 28

방파제에 걸린 근포항 · 29

능포 일출 1 · 32

능포 일출 2 · 33

다대다포 1 · 36

다대다포 2 · 37

매미성 1 · 40

매미성 2 · 44

대포 일박 · 48

## 제2부

금포의 기억 · 50

덕포항 · 54

도장포 가는 길 · 58

도장포 풍차 · 59

숭어를 기다리며 · 62

법동포의 봄 · 66

법동포 유월 · 67

석포 · 70

석포의 봄 · 71

성포항 이야기 · 74

성포 풍어제 · 75

송진포 · 78

송포 · 84


## 제3부

영등포 · 87

옥포 읽기 1 · 88

옥포 읽기 2 · 90

외포 일지 · 94

율포에서 · 98

장문포 왜성 · 102

파랑주의보 · 103

장승포 기적의 길 · 106

장승포 소망의 길 · 110

지세포 일기 · 112

청포항 · 116

탑포항 · 122

## 제4부

팔랑포 · 124

팔랑포 등대 · 128

해금강 1 · 132

해금강 2 · 136

홍포 사람들 · 140

홍포 블루스 · 144

황포의 추억 1 · 148

황포의 추억 2 · 152

외포항 귀빈 · 156

외포항 대구 · 160

일출 · 163

제1부

## 관포 가는 길

거가대교 옆구리에
아담한 바다 한 자락 엎드려 있다
마을 초입 지나 작은 포구로 들어서자
파도가 쌓아 놓은 책들이 바위로 굳어
만 권의 장서는 서가를 이루고
책 읽는 갈매기들 마을을 호위한다
책장을 넘기면 어군들의 이름이 무리 지어
바다목장으로 솟아오르고
카누 야적장엔 물살들 몰려와 집을 짓는다

방파제 끝에 묶인
짙푸른 물빛에 감겨 참꽃을 피우는 닭섬은
온종일 바닷물에 발을 담그고
하늘바라기 하며 바다 한 편에 세 들어 산다
아왜나무 등가죽에 붉은 기운이 찾아들면
위판장에서 들리는 거간꾼들의 수신호가
건너편 망봉산 어깨를 감싼다

선착장을 비켜서는 잔물결이
산 그림자를 띄우면
착관한 해안선이 뭍을 향해 걸어온다

## 관포

밤이면 거가대교 불빛 쏟아져
포구는 작은 몸으로 유성비를 맞는다
나이테 새겨진 파도가 서가를 펼쳐놓으면
책 읽는 소리 애기섬을 휘감아 돌아
신봉산 이마에 꽂힌다
해안선이 진달래 관을 쓴 계도를 끌고 오면
물살 위를 누비는 투명 카누의 빼어난 몸매가
눈매 선한 파도를 유혹한다
에메랄드빛 물보라와 몸을 섞으며
바다를 휘젓는 사내 팔뚝에
물속으로 뿌리내린 햇살이 끌려온다

조업 끝낸 불빛이 어둠을 삼키며 닻을 올릴 때
위판장 지붕에 걸린 뱃고동 소리가
바닷길을 열어준다
오후 두 시의 물 칸에서 헤엄쳐 다니는 활어들
거간꾼 입심에 귀를 세우면
수부들의 손끝에 갯마을 눈빛이 술렁인다

포구 능선을 넘어 농소마을 어귀에 서면
시인 박철석의 유년이 몽동 해변을 따라 굽이친다
어린 발걸음 하나 야윈 그림자 뒤를 쫓아오고
돌아오지 못하는 눈동자가
허공에서 맴을 돈다
농재 선생의 아린 귀 하나
해안에서 철썩거린다

## 군령포 파도

군사 명령이 내린 그날
태풍이 패전을 선포하자
물벼랑 끝에서 갈기 세운 백마가 달려온다
맹수 떼 지나간 길목에는
울부짖는 짐승의 거친 몸부림
회오리바람의 길을 꺾는다
수평선을 삼킨 먹구름의 어깨가 들썩이고
날 선 면도날에 쓰러지는
삼각파도의 피가
제 키보다 높이 솟구쳐 오른다
하얀 용암을 게워내는
찢어진 바다가 꿈틀거리고
굽은 해안 돌아가는 등대 지느러미
파란 장미를 삼킨다
가조도의 심장이 펌프질하는 동안
저인망 그물에 걸려 퍼덕이는 노을
화려하게 익사한다

## 군령포의 작품 하나

이글거리는 노을이 앞바다를 붉게 태우면
돌고래 가로등은 하늘을 떠받친다
고깃배들이 불빛을 쏘아 올리고
날 선 바닷바람은 신명 나는 축제를 벌인다
잠든 해안선이 뒤척이면
연륙교 등판이 출렁이고
수평선을 입에 문 파도가 꿈틀댄다
어둠이 휘젓는 옷자락에
해풍의 늑골이 거꾸러지자
울부짖는 등대 불빛 고기 떼를 호령한다
엎드린 까치 노을이 어깨를 들썩이면
가조도 물항은 범벅섬의 물살을 말아 행군다
돌아눕는 포구가
몇만 필의 광목 펼쳐 뱃길 닦는 동안
살 오른 달은 찢어진 그물의 속살을 기운다
석양이 바다 속으로 길을 열자
산토리니에서 달려온 햇무리
군령을 품은 바다 이야기 풀어헤친다

## 군항포 일지 1


　줄지어 선 동백을 따라 숨차게 올라가면 중턱에 걸린 좁다란 산길이 나를 기다린다 굽이진 길을 돌아 내려서면 서너 채 낮은 지붕들이 꿈꾸듯 엎드려 있다 좌수에서 잡아당기는 가파른 길이 미끄러지듯 내리꽂히고 길 끝에 눈매 선연한 쪽빛 바다가 또 나를 기다린다 골짜기를 이룬 리아스식 해안 에메랄드 물빛은 동공을 찌르고 단내 풍기는 갯내가 얼굴 감싸며 먼 기억을 불러다 준다

## 군항포 일지 2


깊숙이 들어앉아 요새가 된 그대
선착장 앞에서 잠시 눈을 감으면
임진란의 포 소리가 귓전을 때리고
펄럭이는 오색 깃발
물살을 거슬러 달려온다
우렁찬 함성이
천둥 치며 포구를 에워쌀 때
해안선은 길을 열고
작은 돛배들 휘날리며 솟아오른다

## 근포 동굴

별들이 눈을 뜨는 언덕
물살에 에워싸인 작은 포구가
싸리 소쿠리에 담겨 적막하다

갯마을 등판 뒤로 숨어 있는 동굴이
쌍안경을 끼고 바다를 노려본다
일제강점기를 맨몸으로 헐어내고
얼룩진 상처들 다독이며 엎드린 너의 숙명
뒤늦은 세인들 발길에 놀라
관절은 몸살을 앓는다
옹이진 기억들이 어둠을 흔들어 깨우는 동안
숨죽인 그림자 하나 땅굴 속에서 걸어 나온다

된서리에 뚫린 반편 가슴마저
날짐승 같은 파도가
망산 정수리를 할퀸다

## 방파제에 걸린 근포항

낚싯바늘에 걸린 낮달이
쓸쓸히 해안으로 돌아눕는다

거친 바람이 뱃전에 몰아치면
출항은 멀어지고

날밤 새워 기운 그물만
부질없이 공중에 펼친다

선수 밑창에 깔려 신음하는
빨강 등대

장사도는 가까운 듯 멀다

## 능포 일출 1

정남진(正南津) 하늘 문이 열리면
크리스털 유리잔 안에서
잉걸불이 타오른다

회오리치는 파도의 늑골 사이로
직립보행하는 불기둥

오오, 저것은 오메가의 횃불인가
돔 페르뇽 선장의 탄식인가

뜨겁게 요동치는 태양의 입술
바다는 깊은 침묵에 잠긴다

## 능포 일출 2

양지암의 심장이 두근거리면
붉은 기운 한 자락
수평선 언저리로 밀려온다
세상의 빛은 꺾이어
바다 밑으로 가라앉고
태초의 침묵만
수면 위로 떠다닌다
카운트다운이 시작되고
소용돌이치는 아득함 속에서
붉은 혹성 하나가
민머리를 내민다

## 다대다포 1

 그 남자 얼굴을 본 지 십여 년, 폭풍우에 떠밀린 사내는 야구모자에 온몸 말아 넣고 집을 나갔다. 지아비풀꽃 몸살 앓던 봄날이 그렇게 지자 안방에는 그믐달만 밤낮 누워 있었다. 간간이 들려오는 소문은 마루에 오르지 못한 채 대문 밖에서 뒹굴고 안주인 얼굴에는 채송화 꽃씨가 돋아났다. 깊어져 가는 한숨 소리만 방파제에 부서져 물거품이 되어갔다. 햇살 돌아앉는 저녁이면 바다는 소금기 없이도 하얀 메밀꽃을 피웠다. 암울한 바람 소리만 선착장에 닻을 내리고, 출어기가 되어도 안개는 걷히지 않았다.

## 다대다포 2

밤이면
파도가 성난 백마처럼 달려오고
초로의 어부가 내뱉은 한숨이
포구를 떠다닌다

뼛속까지 야윈 섬
립스틱보다 더 붉은 분노로
어망을 잡아당긴다

파도의 말굽에 걷어차인 삶이 멍들어 갈 때
어깨 위로 나부끼는
오색 깃발

아직 희망은 있다

## 매미성 1

거제시 장목면 대금리 290 복항마을
지도를 펼치자
해안선을 따라 둥글게 밀려오는 파도 소리가
거대한 성(城) 한 채 쌓아 올린다
하늘빛은 끝 간 데 없이 펼쳐져
동색인 바다를 유혹하고
물보라는 몽돌을 만나
매미성의 사계(四季)를 연주한다
발길 닿는 곳마다 배여 있는 장인의 땀방울이
이방인의 발목을 적신다
성벽을 타고 오르는 담쟁이넝쿨은
참혹했던 그해 여름을 기억하듯
묵언수행 중이다
비췻빛 머금은 수채화 속에서
먹구름 삼킨 태풍이 뒷걸음질 치고
장대비 소리 요란하게 매달린다
태풍 매미로 무너져 내린 가슴에
화강암 한 장을 올리면

역사가 쌓이고 내일이 펼쳐진다
멀리서 팔월이 파도를 불러 세운다

## 매미성 2

바다가 눈을 뜨는 아침
매미성 이마 향해
카메라 셔터를 누르는 순간
조리개 속에 파도가 휘몰아친다
물거품이 연연 칠백 리 노래하며
이수도를 손짓하자
푸르게 치솟는 좀눈향나무가
거가대교 등판으로 팔을 뻗는다
포토존 하늘에 걸려 있는 구름이
퍼포먼스를 펼치는 동안
성 옆구리에서 명작이 쏟아진다
돌계단 사이로 얼굴 내민 송엽국이
실바람에 홍조 띠며 맴을 돌고
자갈밭 내려서는 해그림자
뙤약볕에 키가 자란다
대금산 자락 아래 날짐승도 비껴가는
복항 지킴이
남빛 바다를 호령한다

매미성 허리춤에 걸린

무지개 한 쌍

렌즈 바깥으로 날아오른다

---

＊2003년 9월 12일 한반도에 상륙한 14호 태풍 매미는 북한에서 제출한 이름으로 막대한 피해가 발생해 '매미'라는 이름은 영구 제명되고 후에 태풍위원회에서 '무지개'로 재명명되었다.

## 대포 일박

온종일
등대가 나부끼는 작은 포구
뜨거운 팔월 잎새 끝에
큰 섬 하나 일어선다
쪽빛 카펫 위로 타오르는 꽃송이
진한 코발트 향 퍼 올려
근포로 기우는 물빛을 마름질한다
물이랑마다 출렁이는 찌낚시 행렬이
바닷길을 끌고 다니면
물고기들 아가미에서
수런거리는 숨소리가 들린다
그믐달 지는 자정이면
자유를 입에 문
붉은 볼락의 입질이
외항 방파제의 활주로를
끌고 온다

제2부

## 금포의 기억

사등성 어깨가 금빛으로 물드는 십일월
반짝이는 호래기 떼 몰려든다

집어등 불빛에 이끌려
낚시꾼들의 손맛을 입질하는 너는

꽃밭등 자락을 따라
헤엄쳐 온다

푸른 치마폭 물살에 감겨
고향으로 밀려오는 금방울 눈빛

먼바다 향기 가득 품고 돌아와
솔밭 그림자에 진을 친다

번득이는 단내가 선착장을 물들이면
소문은 삽시간에 마을로 올라와 술렁인다

초겨울 진객(珍客)으로 만나는 그대
융숭한 대접 받으며 미식가들의 기억을 살찌운다

## 덕포항

어판장 가득 물비린내가 앉아 있다
파도를 잘라내면
강망산 샛바람 한 자락 불어오고
밤샘 조업 끝낸 고깃배들의 어깨가 분주하다
방파제에 바다를 가두어 어항을 살찌우는
선박들의 깃발이 붉게 펄럭이며
대밭골 향해 기수를 세운다

정오의 태양이 부풀어 오르면
볕살에 몸 말리는 생선의 척추뼈가
빨랫줄에 매달려 막춤을 춘다
수영축제의 마스코트 펭귄 두 마리가
수문장 되어 해수욕장을 지키고
물 빠진 모래밭에
은빛 속살들이 군무를 펼친다
그림자가 물속으로 길을 열면
집라인 승차장을 출발한 왕거미들의 행렬
바다 위를 달리며

바람의 빛깔을 탐닉한다

항구는 언제나
떠나간 파도를 기다린다

## 도장포 가는 길

해금강이 노을에 걸려 출렁인다
허리까지 차오른 물살이
동백 방앗간에서 피어나고
바다 한 자락 세 들어 사는 갈매기
온몸에 잿빛 문신 새기며 파도를 탄다
피어나지 못한 슬픈 음절은
물새 떼 소리에 줄을 서고
발목까지 차오르는 푸른 그리움
나비수국 속에서 풋잠 삼키며 일어선다
대마도 향해 늘어선 물기둥이
하늘로 치솟아 오르자
해상 1번지 바위섬 돌리는 풍차가
노을이 숨겨놓은
또 다른 하늘 하나를
붉게 휘감는다

## 도장포 풍차

밤마다 물보라가
검푸른 공작새 울음을 게워낸다
바람은 바다를 퍼 올리고
동백 방앗간의 풍문들은
해풍에 씻겨 말갛게 일어선다
갈곶이 낮달이 풍차를 돌리면
해금강에서 터져 나오는 동편제 가락 한 마당
명창의 목청을 타고 사자바위 끝으로 쏟아진다
이월의 마파람이 동박새를 풀어놓으면
붉은 옷자락의 가객들
등불을 치켜들고 기습한다
뱃고동이 하얀 너울에 잦아들고
경계를 벗어난 거친 물살이
주홍빛으로 솟아오른다
4막 5장 바람의 판소리가
파도를 일으키며 수평선을 끌어당긴다

## 숭어를 기다리며


이른 봄날 함목마을 어귀
햇강아지는 숭어를 물고 다닌다

장다리 꽃술 위에 앉은 삼월이 뭍으로 오를 즈음
은빛 살점 날리는 어군들
섬을 휘저으면
그물에 걸린 바다가 기울어진다
산속에 망집을 짓고
고기 떼 기다리는 사내들
수상쩍은 물빛에 끌려 그대 돌아오면
밤새 뒤척이는 노자봉 몸살을 앓고
새벽은 뱃사람들 어깨에 걸린다
반짝이는 물비늘이
선착장 허벅지에 나부끼고
썰어온 생애 한 접시에
퍼덕이는 비린 삶이 요동친다

화사한 꿈을 꾸는 수평선

그림처럼 떠 있는 해금강 등판 위로
달무리 하나 집을 짓는다
포구를 돌아 나오면
뱃머리에 쏟아지는 별빛이
남쪽으로 귀를 세운다

## 법동포의 봄

 어구 옆구리 휘돌아 갯마을 초입에 들어서면 바다에 세 든 동섬이 참꽃을 품고 떠다닌다 파도가 주문을 걸면 여물어가는 속살은 꽃으로 영글고 물이랑에 얼비치는 비늘 영롱한 숭어리 되어 물 위를 유영한다 거센 물살 가르며 엎드린 산달 연륙교가 수평선을 끌고 오는 동안 청보리 일렁이는 바다목장엔 초록 향기 타오른다 방파제 돌아 나가는 갯바위엔 손맛을 기다리는 강태공들 휘파람이 신명 난다 월척에 놀란 물살이 해안선 밖으로 달려가면 불침번 선 가로등이 파도 소리에 발을 씻는다

 그믐밤이면 감성돔 지느러미 끝에 별이 뜬다

## 법동포 유월

　그림자로 누운 포구가 안개에 감겨 있다 선창가 지키는 늙은 느티나무 가슴에 파도 소리가 꽂힌다 고양이 걸음으로 소낙비 모여들면 물빛에 일렁이는 연륙교 등판이 제 몸짓에 취해 비틀거린다 손짓하면 버선발로 달려오는 산달섬, 삼백여 일 마주 보는 눈썹에 그리움이 차오른다 에돌아 나가는 해안선 따라 파란 캔트지 위에 하얗게 나부끼는 도라지꽃 행렬들 바다목장이 융단을 끝없이 펼친다 유월엔 뻐꾹새 날아와 한나절 울다 가고 그 설움에 짙푸른 물 뼈가 뚝뚝 부서진다

　안개 속에서 꿈꾸는 그대여
　물속 닿을 수 없는 곳으로 별빛 한 아름 안고 오라

## 석포

아침이면 앵산의 짙푸른 기운이 내려온다
바다에 발을 담근 그림자 하나가
방파제를 따라 걸으면
물살에 실려 일렁이는 리아스식 해안으로
난기류가 앵초 꽃을 피운다
마주 선 가조도가 물속에 발을 담근 채
삼백육십육일 눈을 맞추는 동안
바다는 작은 배를 타고 건너온다
온종일 물보라에 시달리던 석양이
바다를 온통 화염으로 불태우면
타다 남은 봄날의 흔적은
붉은빛으로 물든다
복사꽃 긴 속눈썹이 삼월을 풀어놓을 때
수상한 물빛에 놀란 포구는
뜬눈으로 봄밤을 지새운다
그렇게 작은 마을이 물 위에 뜬다

## 석포의 봄

대숲 그늘에 노란 수채화 겹겹이 출렁인다
바다 속 삼월을 건져 올려
화폭 위에 풀어놓으면
코발트빛 어우러진 유채꽃의 도발은
하늘도 시샘하며 눈썹을 세운다
바람의 유혹이 포구의 빗장을 열면
서향마을에서 불어오는 풍문이
바다목장 언저리에 펄럭인다
참꽃 피우는 안개가 해안선 따라 맴을 돌고
민들레 둥근 꽃숭어리 탐스럽게 익어
그림자의 빈혈은 허공을 떠다닌다
렌즈 속에 갇힌 봄날이 탈출하는 동안
파도는 온종일 물감을 게워내고
뭍으로 향하는 발자국에
담황색 사유가 펄럭인다
노을빛에 애타는 포구의 봄빛은
저물도록 잠들지 않는다

## 성포항 이야기



새벽녘 금포 고개 넘어 포구에 도착하는 순간 먼 기억 속의 겨울이 달려와 나를 껴안는다 아침 7시 동일호 뱃고동 소리 선착장 들머리에 넘실거리면 꼬마김밥이 담긴 나무 좌판을 메고 선실로 찾아오는 사내의 목청이 따뜻하다 쫄깃한 갑오징어무침을 곁들인 한 끼는 지루한 뱃길을 달래주며 도회지로 향하는 꿈을 채워준다

연륙교 등판 위로 까치 노을 눈시울 붉히며 달려온다 뱃전에서 시위하는 물새 떼가 수평선을 끌고 와 지친 뱃길을 위로하면 밤새 건져 올린 바다를 어판장 가득 풀어놓는다 수부들의 싱싱한 아침이 뛰어다니고 흥정하는 손놀림은 바쁜 눈길을 쫓아다닌다

바닷물을 흠뻑 뒤집어쓴 장바구니가 갯내에 취해 비틀거린다 포구를 따라 늘어선 횟집 어항 속에는 해안선을 누비던 지느러미 행렬이 군무를 이루며 떠나온 물 숲을 그리워한다 붉은 눈알 굴리며 새하얀 살점들로 차려진 탐스런 식탁이 먼 바다 이야기 한 상 꽃을 피운다

## 성포 풍어제

　새벽부터 파도의 옷자락 나부끼는 공동 어판장 축제 한마당 펼쳐지면 조금사리에 일어서는 깃발은 오색 찬란한 꽃불로 일렁거린다 뒤척이는 파도 등판에서 물살의 춤판이 신명 나게 무너져 내리고 뱃머리 끌고 오는 포구는 다랑어의 선잠을 쫓는다 까치 노을 당기는 구릿빛 칼바람이 푸른 목장을 밀어 올리면 매서운 축문에 부릅뜨는 수평선 동진호 갑판 위에서 넘실댄다 수국처럼 활짝 핀 돼지머리 하나가 아침 안개에 취해 비틀거리고 만삭의 바다는 마침내 해산을 한다 물살을 깨우는 뱃고동이 고래섬 등판 위로 뜨겁게 달아오른다

## 송진포

사월이면
양파 향이 갯내를 밀어내며 짙푸르게 일어선다

대봉산 자락을 타고 초록 페인트 쏟아붓는 들판
온통 코발트빛 하늘이 바다인지 경계 없이 출렁인다

렘브란트 화폭에서 쏟아지는 푸르름이 저럴 것이다
온 동네를 흥건히 적시고
그 향기는 칠백 리 큰 섬을 돌아나간다

야윈 노파가 온종일 늙은 의자에 앉아
표정 없는 벌판을 뚫어지게 바라본다

노파의 일상이 한 폭의 정물화가 된다
밭둑 따라 일렁이다가 그림자 속에 묻힌다

창작촌 뒷산 흔적만 남은 성터
슬픈 기억에 눌려 쓸쓸히 저물어간다

양파의 이름을 불러 주기까지
껍질만 남은 노파가 한 겹 더 옷을 벗는다

외딴 배 한 척 은은히 수평선으로 사라진다

## 송포

섬 속에 섬이 자란다

섬과 섬을 맺어주는 수야방교가
파도 한 자락 잡아당긴다

바다에 기대 사는
아치형 몸매

낮에는 비취빛 하늘이 놀다 가고
저녁이면 석양이 졸다 간다

칠천량 해전의 뼈아픈 시간들이
바다 속을 물들이며 기어 다니고

통한의 기억이 검푸르게 살아나
물이랑마다 패전의 역사가 자맥질한다

제3부

# 거제 구영등성

# 巨濟 舊永登城
Guyeongdeungseong Fortress, Geoje

경상남도 기념물 제205호
소재지 : 경상남도 거제시 장목면 구영리

Gyeogsangnam-do Cultural Treasure No. 205
Gyeogsangnam-do, Geoje-si, Jangmok-myeon, Guyeong-ri

이 성은 1490년(성종21)에 왜구倭寇의 침입에 대비하여 쌓았다. 이후 왜구倭寇의 침략을 받아 성이 크게 훼손된 것을 임진왜란 때 다시 수리하였다. 그후 1623(인조 원년)에 지금의 영등永登으로 군진軍鎭을 옮기면서, 이성은 구영등성舊永登城으로 불리게 되었다.

성터는 해안에 위치한 구영마을 남쪽의 야산 기슭 평면에 원추형으로 조성되어 있다. 성벽은 대부분 훼손되고, 겨우 받침대基壇部 부분만 남아 있지만, 성의 구조와 쌓은 방법 등은 어느 정도 확인이 가능하다. 남북 양쪽에 반원형의 성문이 있고, 성문 위에는 몸을 숨겨 적을 공격할 수 있는 낮은 담雉城(성가퀴)이 설치되어 있다. 성문의 입구에는 성문을 보호하기 위한 작은 성을 쌓아 외부로부터 엄폐하였다.

또한 적의 접근을 막기 위한 도랑垓字이 있었을 것으로 짐작되지만, 지형의 변형으로 지금은 확인이 불가능하다. 성을 쌓는 방법은 조선 전기의 일반 평지에 쌓은 읍성과 같은 형태이며, 외벽은 자연석으로 겉쌓기를 하고 내벽은 막돌로 쌓은 뒤 내벽과 외벽 사이를 크고 작은돌들로 차곡차곡 채워 넣었다. 문헌에 의하면 성의 규모는 둘레가 약 320m정도 였다고 한다.

This fortress was built in 1490 to defend against Japanese pirates. Severely destroyed by these pirates, it was restored the Japanese Invasions(1592~1598) to prevent the Japanese army landing. Later, in 1623 the military camp was moved to the present Yeongdeung and the fortress renamed "Guyeongdeung seong" (meaning "former fortress of Yeongdeung").

The site of the fortress is a conical shape at the foot of the hill south of Guyeong village. Though the most of its walls were destroyed and only its foundation exists, it is possible to estimate the layout and the building techniques of the fortress to a certain degree. There are two semicircle gates tp the north and to the south, where low blockades were built to hide a person' body against enemy attack. Each gate was protected by an auxiliary fort that concealed the entrance from the outside. Defensive moats around the fortress are believed tp have prevented anyone from approaching, but changes in outlying geographical features have eliminated any traces of them. Similar to most Joseon dynasty fortress-towns on the plains, the exterior wall was built using with natural rock, while the interion wall constructed by piling large and small stones. According to records, this fortress is said to have measured about 320meters in circumference.

# 영등포
— 영등 왜성

소롯길 따라 올라가면 언덕배기 한 편으로 돌무더기 행진이 적막하다 진해만이 파도 소리에 귀를 씻고 비취빛 물살에 눈을 감는다 휘어진 생이 소리 없이 펄럭이고 작은 교회 첨탑 뒤로 아지랑이가 치솟는다 뼈대가 녹아내린 성터는 폐허로 일렁인다 길도 없이 부서져 내리는 햇살 속에서 오래된 침묵이 웅성거린다 등 굽은 하늘 아래서 역사의 뒤안길에 묻혀 기억을 되새긴다 봄날을 넋 놓고 바라보는데 인적 끊긴 벌판에 까마귀 소리 눈부시다 낮달의 그림자가 제 길을 찾아 구영마을로 미끄러진다

# 옥포 읽기 1

  벼랑 끝에서 곤두박질치는 하늘이 가라앉은 바다를 끌어올린다 국사봉 아래 떠도는 그림자가 파도와 몸을 섞는 동안 불을 뿜는 거북선 아가리에 회오리 두 척을 선적한다 승전의 북소리 물밑에서 울려 퍼지면 이순신 동상의 눈빛은 먼 기억의 그날을 불러다 주고 잊혀가는 충정을 퍼 올린다 포구로 찾아오는 입동 바람이 갓 건져 올린 달빛을 흥정할 때 펄럭이는 칸데라 불빛이 실비집 등에 업혀 문지방 넘어선다 조선소 뒷길에 줄지어 선 어둠 용접공 불티에 실려 출렁인다 관절 앓는 저녁이 씨플라호 뱃고동 소리에 일어선다

## 옥포 읽기 2

물빛 하얗게 일어서는 한낮
바다는 떠나고 싶어 몸부림친다
야적장에 쌓여 있는 지친 목선들
풀어놓지 못한 꿈들이 몸살을 앓고
길게 기지개 켜는 대교는
깊은 적막 속에서 아린 정오를 키워낸다
물굽이 돌아가는 해안 따라
전마선이 파도를 예인하고
꽃피는 노동의 물살은
힘찬 출항의 깃발을 흔든다
조선소 그림자가 돌아눕는 순간
매운 겨울 헤쳐나온 햇살
방파제 뒤에 숨어 화사한 꿈을 할퀸다
대양을 누비는 거친 숨소리
힘줄 꿈틀거리는 크레인에 앉아
떠나간 철새들의 안부를 선적한다
대승첩 깃발 나부끼는 공원 어깨 위로
비둘기 날아와 평화를 꿈꾸고

아득한 여정 끝낸 골리앗은
쏟아져 나오는 봄을 추레라에 실어 나른다

## 외포 일지


동지섣달 품은 해풍이
방파제 끝에서 곤두박질치면
하늘은 가라앉은 바다를 끌어 올린다
대금산 아래 떠도는 외로운 그림자
파도와 몸을 섞는 동안
포구는 보름달을 하역한다
수부들 손끝으로 모여드는 대구 떼
허기진 겨울을 풍성하게 꽃피운다
밀물이 빠져나간 어판장에는
류모티즘 앓는 저녁이 절룩거리고
거친 뱃길 위에
야행성 눈빛이 번득거린다
바다제비가 물어 오는 만선 소식에
해안선이 일어서면
비틀거리는 불빛 한 접시 썰어놓고
파도 소리 함께 술잔을 비운다
삼백여 일 절인 생애가
좌판에서 눈알 굴릴 때

푸른 목장을 누비던 제왕들
한 아름 소금꽃 피워올린다

## 율포에서

그대를 찾아가는 길목
밥집 지나 물길을 사이에 두고
갈대의 안부를 묻는다

갯내를 피우며 휘청거리는 오후
졸음에 취한 낚싯배가
포구를 끌고 다니며 물꽃을 피운다
선착장에 매여 있던 바람이
고삐 풀려 바다 위를 질주하는 동안
물때를 기다린 전갱이들의 입질로
손맛이 뜨겁다
해상 펜션 옆구리로
술뱅이의 행렬이 지나가고
중천을 달구는 볕살은 스크루에 매달려
온종일 수평선과 씨름한다
그물에 걸린 파도 한 채
파닥거리며 가쁜 숨을 몰아쉬면
등대는 바다 속으로 뿌리내려

밤마다 파도의 내력을 상영한다

낚싯줄에 걸려 뭍으로 올라온 바다는
해안선을 폐차고 활보한다

## 장문포 왜성

　대숲에 싸여 인적은 끊겨 있다 오솔길이 좁다랗게 누워 이방인의 발길을 반긴다 초겨울 산길은 군항포 갯내를 한 상 차려 낙엽 위에 펼친다 가랑잎 밟는 소리가 바리톤 음색으로 발등을 적시고 메아리 없는 하늘에 파문을 그린다 저녁 산새 소리에 귀를 씻는 동안 허물어진 성터는 등뼈를 보이며 엎드려 있다 수척한 얼굴은 파도로 허기를 채우며 암울한 그림자를 건져 올린다 서쪽에서 불어오는 바람결에 주파수를 세워 눈을 감으면 그날의 함성이 달려오고 바다를 건너오는 홍학의 날갯짓이 왜성을 에워싼다 시공을 달리하는 돌담 사이에서 슬픈 역사가 쓸쓸하게 나부낀다

## 파랑주의보

창백한 햇살이
차도르를 두르고 나올 때가 있다

희뿌연 갈매기 떼가
여객선 꼬리를 물고 날아오를 때

멀리 대마도 수평선에 검은 비 내리고
파랑주의보가 온다

뜬눈으로 뒤척인 봄날이
모스부호처럼 아득할 때

때 놓친 승선권이
거친 파도 위를 떠다닌다

## 장승포 기적의 길

전쟁의 상흔이 벽화 속에서 숨을 쉬고 있다

1950년 12월
흥남을 출발한 삼일간의 깃발은
굶주림도 잊고 자유를 향한 간절함이 나부꼈다
함박눈이 날리는 성탄절 아침
희망의 두레박을 건져 올린
메러디스 빅토리호는
드디어 장승포항에 닻을 내렸다

기적의 길을 들어서는 순간
보따리 인 아낙의 발걸음이 사각거리고
목화솜 누빈 모자를 눌러쓴
아이들의 눈망울은
골목을 뛰어다닌다

기적의 계단이 등판을 보이는 장승포로 25길
길목에서 만난 생선 비린내가

북풍에 실려
피난민의 애환이 살아 있는 산동네로 불어온다

가로등이 눈을 뜨는 저녁이면
함석지붕 꼭대기로
고달픈 개밥바라기별 하나 찾아와
어깨를 기댄다

1950.12.23.
현봉학의 설득

1950.12.15.
흥남철수

### 장승포 소망의 길

기적의 골목 끝머리 길 위에
팔월 볕살을 입에 문
동백꽃이 피어 있다
함박웃음 머금은 꽃송이가
발목을 감으며 이방인을 붙잡는다
소망의 길 60계단에 발을 딛는 순간
공중에서 산다목이
더위도 잊은 채 반겨준다
잡초 우거진 언덕배기 올라서자
휘감아 도는 해풍이
시원하게 달려와 땀방울 식혀준다
짙은 향기를 내뿜는 동백 해안로
굽이쳐 돌아가면
능포 바다 파도 소리가 귓전에 부딪친다
힘겨운 세월을 건너온 김치들의 하루가
양지암 고요한 일출을 기다리며 저문다

## 지세포 일기

선창마을 돌아서면
조업에서 풀려난 아침노을이
깨어진 물살을 내려놓는다
파도에 생채기 진 가슴
청동거울 앞에서 고해성사를 하고
은하수가 섬 몇 채 끌고 온다

물 숲에 뱅에돔 숨소리 깊어지면
강태공의 손이 바빠진다
물속 내력을 토해내며
왁자한 뭍의 소리를 타전한다

출항 앞둔 수부들 이마에 별빛이 내리고
해무에 갇힌 방파제가
조금사리 지난 뱃길을 다스린다
그물 속에서 터지는 검푸른 함성
남풍에 밀려 돌아온 깃발은
등대 허리로 날아오른다

풍어를 비는 자진모리 한마당에
지심섬 어깨가 들썩이는 동안
진성 들판에 라벤더 향 우거진다

## 청포항

남파랑 14길에서 만난 비린내가
방파제를 걸어가며 출렁인다
한적한 포구의 작은 마을
골목길에 줄지어 선 옥수수 벽화가
달려와 와락 반겨준다
파도가 일렁이는 담장에는
하얀 부표가 떠다니고
고기잡이배 몇 척 졸고 있는 선착장엔
여우비 흩날린다

정자 쪽으로 팔뚝을 뻗는 팽나무 가지에
애틋한 형제섬의 설화가 열려 있다
하늘을 울린 효심이 바다 위를 떠다니고
아우를 부르는 싸리섬
형의 손을 놓지 못하는 법섬이
삼백육십여 일 서로를 애타게 찾는다

볼락의 꽃 소문이

청포(靑袍)를 걸치고 찾아오면
포구를 등에 업고
깊은 사색에 빠져드는 그대
이방인의 발길을 붙잡는다

## 탑포항

남파랑 25길
무지개가 등판을 펼쳐준다
휘어 감기는 마을 길이 심호흡을 내뱉고
한려해상에 떠 있는 키 낮은 섬들
앞다투어 밀려온다
당산나무와 눈빛을 맞추고 돌아서면
갈매기들의 군무가
개막이 공중을 맴돌고
솔숲 바람은 귀빈처럼 해상콘도를 찾아온다
남풍이 불어오면
망상어 떼가 몰려들어
물 숲 가득 봄이 벙글어진다
쪽빛 바다가 출렁이자
흘림 찌낚시 끝에 섬들이 켜켜이 쌓인다
그믐밤엔
흐린 달빛이 바다 쪽으로 팔을 뻗는다

제4부

## 팔랑포


밤마다
파도를 인양하는 끈끈한 힘줄들이
붉은 등대와 맞장을 뜬다

방파제 위에서 릴낚싯대 던지면
늦가을이 걸려 출렁이고

바다를 부양하는 골리앗 어깨에
충무공의 눈빛이 번득인다

그믐밤
집 떠나온 그림자가
우거진 물 숲에서 별빛을 건져 올리며
짙푸른 견문록을 다시 쓴다

옥포대첩에서 호령하던
북두칠성

난파된 꿈들을 모아
오늘 다시 출항을 도모한다

## 팔랑포 등대


흐린 하늘을 돌아나가면
집 떠난 펭귄 한 마리
끝물에 매달린 햇살을 배웅한다
수평선이 긴 장삼 말아 올리는 동안
대승첩 어깨에서 흩날리는 동백
등불 켜고 외딴 문을 두드린다
고독을 부양하는 등대의 꿈이
잠든 사이
떠돌이 구름 내려와 한나절 놀다 가면
한려수도를 돌아오는 불빛 한 장
종려나무 등판에 나부낀다
출렁이는 하얀 섬 밀어내자
강태공의 손맛이
테트라포드 사이에서 춤을 추고
울창한 바다 숲은 해거름을 재촉한다
휘도는 물살이 파도의 가슴 열어
방파제 위로 짙은 해무를 펼치는 동안
해안선 따라 사열하는

충무공의 숨결이
심장을 펌프질하며 칼을 뽑는다

# 해금강 1

바다 한 칸을 품은 아이는
물때를 기다려 갯벌로 나간다
해시계를 등판에 지고
썰물을 밀고 다니며
온종일 물보라와 씨름한다

#

밀물을 끌어당기는 소년이
달빛의 자물쇠를
하늘 밖으로 내던진다
달그림자가 사라지고
그믐달이 파도를 삼킨다

##

캄캄한 바다 속으로 눈이 내린다
유리병 속에 쌓인 눈을
망상어가 쪼아 먹는다
멀리서

열 개의 눈 달린 해파리가
물 숲에 빨대를 꽂아 바다를 흡입한다


###
수평선이
점점 야위어간다

## 해금강 2

바다에 떠 있는 거대한 코끼리 한 마리
바위 성(城)을 지키고 있다

숲의 아침이 거미줄에 매달려 있다
이슬 무게에 휘청거리는 구름은
가볍게 공중제비를 넘고
무당거미는 물속 깊숙이
저승까지 왔다 되돌아간다
천년을 품고 돌섬에 뿌리내린 다복솔
발치에 매달린 눈망울이
파도 틈새로 길을 열면
등대섬 이마에서 작은 섬들이 쏟아진다

바다를 잘라내는 시퍼런 칼날이
바위섬 정수리를 내리치면
날짐승이 깨어진 눈알을 물고 달아난다

그믐밤

고독한 성지기는 뱃길을 열어놓고
성문으로 들어오는 달빛을 배웅한다
달그림자가 멀어져 가면
하얀 등대 불빛이 일어선다

### 홍포 사람들


여차리 고개 넘어서면
휘어진 길이 가벼운 발길질을 꿈꾼다
파도의 몸부림에 웃자란 코발트빛이
한 뼘씩 돋아나고
서서 볼 수 없는 하늘은
언제나 푸르게 펼쳐진다
횡렬 없이 누비는 무지개길이
눈뜬 망산 향해 촉수를 세우며
이글대는 바다를 풀어헤친다
가슴 쓸어 올리는 노을빛
차디찬 심장을 풀무질할 때
남파랑길을 토해내는 그림자는
물살의 그늘 속으로 달려온다
검붉은 침묵이 소용돌이치고
수평선이 열리면
포구 어깨 위로 잔물결이 날아오른다
마지막 파도가
목울대에 걸려 쓰러지는 동안

은하수 허리에 상아빛 어둠이 감기고
소병대도 눈빛은 칠백 리 섬을 건져 올린다

## 홍포 블루스

일만 평의 하늘을 펼치면
선착장에 매달린 바다가 덮쳐 온다
서풍이 불어올 때까지
무르익은 파도는
종일 물보라 퍼 올리며
적막한 눈빛을 풀어낸다
까마귀재 옆구리 돌아서면
망산 이마 위로 비낀 햇무리
무지개길 허리를 휘감고
회오리 불꽃은
성긴 햇무리 속으로 길을 연다

이글거리는 햇불 하나가
부산하게 소병대도 문을 두드리는 동안
칸나꽃은 무너지는 꿈을 꾸며
알몸으로 출렁인다
어망에 가득 걸린 오메가 노을
홍포(紅袍) 걸치고

저 혼자 눈썹 태우며
자진모리 한마당 신명 나게 늘어놓는다
불타오르는 뒷모습
너무 뜨거워
수평선은 온통 불꽃 속이다

## 황포의 추억 1

포구를 열면 푸른 창문 하나가 달려온다
작은 마을이 매달려 있는 덧창으로
바다가 소리 없이 가라앉는다

물속에서 박제된 마을이 솟아오르고
점점 키가 자라는 지붕들은
교회 첨탑을 노려보며 눈빛을 맞춘다

자정이면 뒷산에서 밀려온 바다가
넘실거리는 활주로를 펼친다
물고기들의 침묵이
파도의 등판 위에 잠들어 있고
날지 못하는 달빛은
비행을 준비한다

젖은 안개가 오랜 방황에서 깨어나면
골프장 옆구리로 기우는 확대경에
송진포에서 엄습한 양파 향기 꿈틀대고

포구의 내력이 휘청거린다

첫새벽
해안선이 선착장 눈썹에 걸려 출렁인다

## 황포의 추억 2

달빛에 취해 출렁이는 여름 바다
짙푸른 열기로 익어간다
까치별 어깨에 기대어
칠석은 깊어가고
은하수 젖어드는 해안선은
잠을 잊은 채 서성인다
부릅뜬 유혹 풀어놓는
밤 고양이들
밀물 혓바닥 핥으며
전갈자리의 반란에 귀를 굴린다
감전된 경적
검푸른 망토 자락에 감겨
수평선을 끌고 오면
철썩이는 젖은 열대야가
표류하는 물살을 일으켜 세운다
충혈된 자정이 얼룩져 내리고
밤하늘을 달구는 상현달 쓸쓸하다
해안선을 걸어 나온 그림자가

삼백여 일
선착장 옆구리에서 나부낀다

## 외포항 귀빈

은빛 갈기의 대구가 돌아오면
외포의 전설이 시작된다

짙푸른 장막을 열면 하늘이 쏟아지고
물속 제왕은 포구를 향해 귀환한다
기울어진 바다가
물오른 어물전 위에서 펄떡이는 동안
융성한 소문은 거가대교 등판에 끌려 와
문전성시를 이룬다
물 숲을 해킹당한 어족들의 지느러미
파도의 빗장을 헐어내면
물살에 걸어 채인 수부들의 가슴에서
푸른 바닷물이 쏟아진다
편서풍을 밀어내며 베링해협 건너
겨울이면 찾아오는 그대 귀향길
진해만이 손짓하는 실크로드를 따라
망월산 아래 동네가 스물네 시간
눈부시게 부풀어 오른다

호망 속에 갇힌 겨울이
뭍으로 올라와 꽃을 피운다

## 외포항 대구
― 약대구

겨울 볕살 아래 백여 일
칼바람 맞으며 추위와 사투를 벌여
소신공양하는 약대구 행렬이 꼬리를 문다
몸속에 소금 꽃봉오리 켜켜이 다져
달빛으로 몸을 씻고
햇살과 동침하며
해산을 기다리는 그대
장인의 손끝에서 새롭게 환생한다
갑옷 걸친 박제된 몸값은
입소문 타고 동서남북 흩어져
보양식의 원천으로
담백한 향기를 살찌운다
물 숲을
뭍으로 옮겨놓은 수부들의 노역이
선착장 가득 탑이 되어 쌓인다

## 일출

동쪽 하늘이 열리고
수만 개의 거울이 바다 위에 꽂히면
유리벽을 타고 불꽃이 이글거린다
와인잔 속에 담긴 불씨가
긴 혓바닥을 남실거리고
온몸을 비틀면
화염에 휩싸인 섬의 이마가 아우성친다
수평선 끝에서 쇳물이 출렁이고
바다 위 홍포(紅布)를 걸친 사내가
성큼성큼 뭍으로 돌아온다
불기둥이 물 밖으로 고개를 쳐들면
바다는 피를 흘리며 가라앉는다
바로 그때 뜨거운 저승의 문이 차갑게 닫힌다
바다는 지금 검붉게 성황 중이다

정경미의

# 거제 포구 이야기

ⓒ 정경미

초판 1쇄 인쇄  2023년 11월 23일
초판 1쇄 발행  2023년 11월 30일
지은이  정경미
펴낸이  김석봉
디자인  헤이존
펴낸곳  문학의전당
출판등록  제448-251002012000043호
주소  충북 단양군 적성면 도곡파랑로 178
전화  043-421-1977
전자우편  sbpoem@naver.com

ISBN  979-11-5896-624-9  03810

*이 책의 판권은 지은이와 문학의전당에 있습니다.
*양측의 서면 동의 없는 무단 전재 및 복제를 금합니다.
*잘못 만들어진 책은 바꿔드립니다.
*이 시집은 2023년 부산광역시, 부산문화재단 '부산문화예술지원사업'의
 지원을 받아 제작되었습니다.